AF471549

www.ingramcontent.com/pod-product-compliance
Ingram Content Group UK Ltd.
Pitfield, Milton Keynes, MK11 3LW, UK
UKHW061657190726
13853UKWH00008B/2255

9 789960 207179

سلسلة الأوائل للفتيان

أول من جهر بالقرآن الكريم
عبدالله بن مسعود رضي الله عنه

بقلم

محمد ثابت توفيق

مكتبة العبيكان

ⓒ مكتبة العبيكان، ١٤٢١هـ

فهرسة مكتبة الملك فهد الوطنية أثناء النشر

أول من جهر بالقرآن الكريم عبدالله بن مسعود / لجنة التأليف والترجمة بمكتبة العبيكان - الرياض.

٧٣ص، ١٧X٢٢ سم

ردمك: X-٧١٧-٢٠-٩٩٦٠

١- عبدالله بن مسعود ٢- الصحابة والتابعون

أ- العنوان ب- السلسلة

ديوي ٢٣٩,٩ ٢١/١٩٢٨

ردمك: X-٧١٧-٢٠-٩٩٦٠ رقم الإيداع: ٢١/١٩٢٨

الطبعة الأولى

١٤٢١هـ / ٢٠٠٠م

حقوق الطبع محفوظة للناشر

الناشر

مكتبة العبيكان

الرياض - العليا - تقاطع طريق الملك فهد مع العروبة.

ص.ب: ٦٢٨٠٧ الرياض ١١٥٩٥

هاتف: ٤٦٥٤٤٢٤، فاكس: ٤٦٥٠١٢٩

ويشكوهَا زيدٌ إلى ابن خالِها رسولِ الله ﷺ ويصبرُه النبي ﷺ؛ ويقولُ لَه كما جاء في كتاب الله الكريم ﴿**أَمْسِكْ عَلَيْكَ زَوْجَكَ وَاتَّقِ اللَّهَ**﴾ وقدْ أعلمَ اللهُ نبيَّه أنَّ زيداً سيطلقهَا وسيتزوَّجها رسُول الله ﷺ، ولم يكنْ من أدبِ النبيِّ ﷺ أن يخبرَ زيداً بهذا النبأ وكان يخفيه.

وأخيراً طلق زيدُ بن حارثةَ زوجتهُ زينب، ثم انقضتْ عدتها.

وهنا أمرَ اللهُ نبيهُ ﷺ أن يتزوجَ زينبَ التي كانتْ زوجةً لمن كانَ متبني واسمُه عندَ الناسِ زيدُ بن محمدٍ. وفي هذهِ صعوبةٌ نفسيةٌ في مواجهةِ المجتمعِ لا يحملُها إلا أعظمُ الناسِ. فخشيَ من كلامِ الناسِ في مخالفةِ عاداتِهم المستحكمةِ فقال تعالى:

﴿**وَتُخْفِي فِي نَفْسِكَ مَا اللَّهُ مُبْدِيهِ وَتَخْشَى النَّاسَ وَاللَّهُ أَحَقُّ أَن تَخْشَاهُ**﴾.

عن أنسٍ قالَ: جاء زيدُ بنُ حارثةَ يشكُو، فجعلَ النبيُّ ﷺ يقولُ: (اتق الله وأمسكْ عليكَ زوجك) قال أنسٌ: لو كانَ رسولُ الله ﷺ كاتماً شيئاً لكتمَ هذه. قال: فكانتْ زينبُ تفخرُ على أزواجِ النبيِّ ﷺ وتقولُ: زوجكُن أهاليكنُ وزوَّجني اللهُ تعالى من فوقِ سبعِ سماوات.

وهكذا أبطل الإسلامُ قضية التبني.

الفهـــرس

الفصل الأول
الميــلاد

أسرةُ فقيرةُ:

كان «مسعودُ بنُ غافلٍ بنِ حبيبٍ بنِ سمحٍ بنِ فارٍ بنِ مخزومٍ»[1] رجلاً فقيراً، يحيا في أسرة تغمرهَا القناعة، والرضا بما لديهَا، حتى وإن كانَ ذلكَ أقل القليل، كان «مسعودٌ» رجلاً يفتخرُ – حينما يفخرُ الناسُ بما لديهمْ من مالٍ أو جاهٍ أو منصبٍ عالٍ–، كان «مسعودٌ» يفتخرُ بأنه رجلٌ شريفُ، يعتز بنفسهِ وبكرامتهِ رغم فقرهِ الشديدِ، فلا يطلبُ من أحدٍ معونةً ولايقبلُ أن يعطفَ عليه أحدٌ بشيءٍ.

وولدَ لـ «مسعودِ بنِ غافلٍ» طفلٌ صغيرٌ أسماهُ «عبداللّه».

ونَشـأَ ذلكَ الطفلُ في دارٍ ليس فيـهَا إلا أقلُّ القليل، فلمْ يَرَ الغنَى، ولم يعرف الحياةَ المنعمةَ، وإنما ذاقَ ألم الحرمانِ، ومرارة الفقرِ، ورغمَ ذلكَ كله، ورغمَ صغرِ سن «عبدِاللّه» إلا أنه أدرك هذهِ الحقيقةَ.

عبداللّهُ بنُ مسعود الغلامُ النشيط:

إنه ليس كأيٍّ واحد من الغلمانِ الذينَ يلعبونَ ويلهونَ طوال النهار، وما عليهم في الليلِ إلا أن يناموا، وعلى والديهمْ أن ينفقُوا عليهمْ، إنه في حالٍ

---

١ – سيرة ابن هشام – جـ١ – ص٢٣٤.

يختلفُ تماماً، إن هذا الطفلَ الصغيرَ «عبداللَّه بن مسعود» قد عرف هذه الحقيقةَ.. بل ينبغي عليه أن يخرجَ من بيتهَ، لا لكيْ يلعبَ ويمرحَ، بل لكي يعملَ، ويحصل على مالٍ ليساعدَ أباه على أعباءِ ومتاعبِ الحياة، ويخففَ من تأثيرِ الفقرِ القوي على أسرتهِ.

وعملَ «عبدُاللَّه» في رعي الغنم، وهي مهنةٌ تتطلبُ منه أن يخرجُ إلى الصحرَاء، ومعه الغنمُ لوقت طويلٍ، يحرسُها، ويقومُ على رعايتهَا، والعنَايَة بها، حتى تغرب شمس النَّهار، عندهَا كان عليهِ أن يجمعَ غَنَمَهُ عائداً بها.

وهكذا كانَ «عبدُاللَّه» الصغيرُ يقضي أغلبَ اليوم، بعيداً عن الناس، وعن الأطفالِ ممن همْ في مثل عمره، عن الأنس، واللعبِ، واللهوِ، وتمرُّ الأيامُ بـ«عبداللَّه»، يحسُّ بأنَ اليومَ - في وحدته في الصحراءِ وحولهَ الغَنم - يحس بأن اليومَ طويلٌ جداً، واليوم الذي يليه مثله، لاشيء يخففُ من شعوره بالوحدة، أو يملأُ عليه عقلهُ، ويشعرَه بقيمة الحياة، عاش «عبدُاللَّه» لايجدُ فكرةً يديرُها في عقله، ولا غاية تحسُ نفسُه بأنها تحيَا لأجلها، وباختصارٍ لم يكن «عبداللَّه» على صغرِ سنهِ - ضعيفَ العقلِ، فلقد تعود أن يعمل فكرهُ، لأنه تعودَ أن يتحملَ مشقات الحياةِ، حينمَا عرفَ طريقَه إلى العملِ، وحينمَا سبقَ عمرَه، فخرجَ إلى العملِ، وأمثاله لايعرفونَ إلا الراحةَ، وفي الأوقاتِ الطويلةِ التي راحَ يمضيهَا في الصحاري الممتدَّة، راحَ يفكرُ:

- أهذَا كلُّ ما في الحياة، عملٌ وكفاحٌ طوالَ اليومِ، وراحةٌ قليلةٌ في الليل كلُّ ذلكَ في سبيل بعض المال يعطيه له «عُقبة بنُ أبي مُعيْط».

وذاتَ يوم أراد اللَّهُ -عز وجل- أن تمتلئ حياةُ «عبداللَّه» بما يملي عليه عقله، ويشعره بقيمةِ الحياةِ، وعظمتهَا، لقد وجدَ «عبداللَّه» الشيءَ الذي كانَ يفتقدهُ، لقد عثرَ على ما افتقدهُ بينَ العملِ والفقرِ الشديدِ، لقد لقيَ الشيء العظيمَ.

لقاء «عبداللَّه» بـ«الرسول العظيم»:

لم يكنْ في «مكةَ» كلِّها أحدٌ لايعرفُ «محمدَ بنَ عبداللّه» الشابَّ الذي ينتمي إلى «بني هاشم» من قبيلةِ «قريش»، لم يكن أحدٌ يجهلُ صفاتهِ الحميدةَ الكثيرةَ الجميلةَ، فهو الصادق، وهو الأمين يطلب منه الجميعُ الحكمَ فيما يصعب عليهمْ من الأمور، كان الجميعُ يشهدُ له، فلقد اجتمعتْ فيه من الأخلاقِ العظيمةِ مالمْ يجتمعْ لأحدٍ من قبلهِ، وراحَ الناسُ يتناقلونَ أخبارهُ، معجبينَ به، لكنَّ شيئاً جديداً بدأ يتناقلهُ «أهل مكةَ» جعلَ كبراءها ورؤساءها يتخوفون من «محمدٍ» ويحسبونَ له ألفَ حسابٍ.

وفي عملهِ المعتاد كان «عبداللَّه» يرعىَ الغنمَ فأقبل عليه رجلانِ فقالا:

- «هل عندكَ من لبنٍ تسقينَا؟».

يسألانهِ عن لبن يشربَانِه، يسألانهِ وقد قابلاهُ، ومعه الغنمُ، التي يرعاها لـ «عُقبةَ بنِ أبي مُعَيْط»، ولأن «عبداللَّه» - على صغرِ سنهِ- قد تعودَ الأمانةَ فقد قال:

- «إِني مؤتمنٌ .. ولستُ بساقيكما».

يجيب عليهما بأنه لايملك هذه الغنمَ، لذلكَ فلا يستطيعُ أن يسقيهمَا منْ شيءٍ هو أمانةٌ لديه، أي لايجوزُ له أن يتصرفَ فيه.

قال له أجملُهُمَا:

- «هل عندكَ من شاةٍ لم يَنْزُ عليها الفَحْلُ؟».

يطلب منه أن يرشدَه إلى عنزة لم يأتِ ميعادُ حملِها، فإن كان لديهِ مثلُها فليأتِ بها إليهمَا.

قال «عبدُاللَّه» له:

- «نعمْ»[١].

ثم ذهبَ، وبعدَ قليلٍ حملها، وجاءَ بها إلى الرسولِ، وصاحبه «أبي بكرٍ»:

أخذها «الرسولُ العظيمُ» من بين يديه، ومسحَ ضرعها الجافَّ الذي لم يمتلئْ باللبنِ بعد، ورآه «عبداللَّه» وهو يدعو، ولمْ يصدقْ «عبدُاللَّه» عينيْه إذ إن «الضرعَ الجافَّ» قد امتلأ باللبنِ أمامَ عينيهِ، وذهبَ «أبو بكر» وأحضرَ لـ«الرسولِ» صخرةَ متقعرةً، في وسطها تجويف يسمحُ بوضع اللبنِ فيه، وهو

١- أسد الغابة - ابن الأثير- ص٣٨٥.

جرنٌ من حجرٍ فحلبَ فيه اللبنَ، وشرب النبيُّ ﷺ ثم شرب «أبوبكرٍ» ثم ناول «عبداللّه» الصخرَة فشرْبَ منها، ثم قال «الرسول العظيمُ» للضرعِ:

- «اقلصْ».

أي عُد كما كنتَ قبلَ أن تمتدَّ يدُ الرسول الطاهرةُ الشريفةُ عليه.

يالدهشةَ «عبداللّه» الشديدة، فكما أن «الضرعَ» قد فاضَ باللبنِ في ثانية هاهوَ يعودُ كما كانَ في ثانية أخرى، يستجيبُ «الضرعُ» للرسولِ وكأنهُ لمْ يفضْ باللبنِ منذُ ثانيةٍ فقط، ها هوَ أمام عينيهِ جافٌ، بينمَا «مذاقُ اللبنِ» - الذي شربهُ من الصخرةِ المتقعرةِ مايزالُ في فمهِ! وأيُّ لبنٍ هو؟ إنه لبنٌ حلوٌ سائغٌ.

دهش «عبداللّه» فهَو لم يشاهدْ مثلَ هذا الأمرِ من قبلُ، ولولا أنهُ قد حدثَ معهُ لما كانَ من السهلِ عليهِ أن يصدقهُ.

وانصرفَ الرجلانِ، وتركا «عبدَاللّه» في حيرتهِ الشديدةِ، جعله الموقف في حالةٍ من الذهولِ، أنسته مايجري حولَه، وحينمَا أفاقَ من ذهولهِ، أخذَ يبحثُ عن هذين الرجلينِ، وقد تأكد لديه بعدَ ما رأى ما رآه أنهمَا ليسَا إلا هما، ليسا إلا هذين الرجلين اللذين تتحدث عنهما «مكة» ، ومازالت .

كانت تتحدثُ عن حسنِ صداقتهمَا، وطيبِ عشرتهمَا لبعضهمَا، كانتْ تتحدثُ عن ذلكَ فيما مضى، فهي تتحدثُ اليومَ عن «بعثةِ» الرسولِ

العظيم » وإيمانُ « أبي بكر » به، لقد تأكد لدَى « عبدالله » أنهمَا همَا : « الرسولُ » و« أبوبكرالصديق »[1] .

إسلامُ عبدالله:

ويلتقي « عبدالله » بالرسول العظيم فيقولُ له :

- « عَلِّمِنْي من هذا القول » .

يسرع « عبدالله » فيقولُ لـ« الرسول العظيم » إِنه يريدُ أن يتعلمَ من هذا القولِ الذي لم ينزلْ على أحدٍ من قبلِه، ويشهدُ له جميعُ مَنْ استمعوا إِليه بالنقاءِ والعذوبةِ والجمالِ، ويعرفُ الجميعُ، حتى من لم يؤمنوا به - أنه ليس من كلامِ البشرِ، يريدُ « عبداللّهِ »، أن يتعلم من آياتِ الذكرِ الحكيمِ، من القرآنِ الكريمِ، فيقولُ الرسولُ له :

- « إِنكَ فتىَ مُعَلَّم » .

يمدح « الرسولُ العظيمُ » « عبدالله » بحسنِ الحفظِ، والفهمِ، ويعلمهُ من آيات القرآنِ الكريمِ، ويحفظه كلماته، ويقولُ « عبدالله » عن تلكِ الآياتِ التي تعلمهَا :

- « لاينازِعني فيها أحدٌ »[2] .

---

١ - عبدالله بن مسعود - حديوي حلاوة - ص١٢.

١ - أسد الغابة - ابن الأثير - ص٣٨٥.

فلقدْ تعلمَ «عبداللّه» من الرسولِ العظمِ، وحفظ من آيات القرآن الكريمِ «مالمْ يتعلمه ويحفظه -في وقتهِا- أحدٌ غيرهُ، وهي ميزة لـ«عبداللّه» اختصَّهُ بها الرسول.

وأسلمَ «عبداللّه بنُ مسعودٍ، فكانَ بإسلامهِ أحدُ السابقينَ إلى الإسلامِ ونالَ شرفَ الإسراعِ بالدخولِ في هذا الدينِ.

تغيير حياة عبداللّه:

وبإسلام «عبداللّه» أحسَّ بالراحة بعد التعبِ الشديدِ، وعرفَ لنفسهِ في الحياةِ هدَفاً عظيماً تحيَا لأجله، لقد وجدَ «عبد اللّه» في الإسْلام مالمْ يجدهُ في الحياةِ الصعبةِ المرُة التي عاشها قبلَ أن يعرفَه، ويدخلَ فيه، فأصبحَ الإنسانَ القويَّ، بعدَ سنينَ قضاهَا من حياتهِ لم يعرفْ إلا الضعفَ فيها والعملَ في النهارِ، والعودةَ إلى الدارِ في الليلِ، حياةٍ ليسَ فيها من جديدٍ هاهو «عبداللّه» بعدَ إسلامه، وقد تغيرتْ حياتهُ، امتلأتْ بنورِ الإيمانِ فأصبحَ يحسهَا مختلفةً تماماً، رغمَ أنه لايزالُ يعمل، ولكنْ أي عملٍ؛ إنه يعملُ في مثلِ عملهِ قبلَ إسلامهِ، ولكنهُ يحسُّ وهو يجلس طوالَ النهارِ يذكرُ ربه، ويقرأُ مما يحفظُ من آي الذكرِ الحكيمِ، يحسُّ بأنَّ عمله هذا شرفٌ كبيرٌ له، لأنه يريدُ به، قبلَ الأجرِ، رضَا ربِّه، وهو يعلمُ أن حياةَ المسلم، عندمَا ترتفعُ

وتسمو بذكرِ اللّهِ، تصيرُ كلها حسناتٍ عظيمةً تحسبُ له، كان -عبداللّه - يعرفُ أن المسلمَ إِذا ما قصدَ بحياته رضَا ربِّه، وبعبادته رضَا ربِّه، صارت الحياةُ كلُّها عبادةً، وهكذا راحت حياةُ. عبداللّه، التي أصبحتْ بعد إِيمانهِ عامرةً، راحت تزدهي بطاعةِ ربه، فتتغيرُ دنياه، تمتلئُ بالخيرِ. ولم يكنْ «عبداللّه» يتعجبُ إِلا من أمرِ هؤلاءِ.

عداوة قريش للإسلام:

كان «عبداللّه» شديد العجبِ لحالِ «مشركي مكةَ»، إِذ إِنَّه كان مندهشاً:

كيف استطاعَ هؤلاءِ أن يلغوا عقولهمْ، تلكَ التي تشهدُ أن كلامَ الرسولِ العظيمِ حقٌّ من عند اللّهِ، وليسَ ذلكَ فقط، بل كيفَ تأتي لهمْ هذه القدرةُ على عداوتهِ هو وأصحابه الكرام.

بل راح مشركو مكةَ يزيدون من إِيذائهمْ للرسول وصحابتهٍ، ويكذبون كلام اللّه، والرسول يرد عليهم بالدليل القاطع، والصحابة من حوله صابرون على الأذى.

الفصل الثاني

أولُ مَنْ جهرَ بالقرآن الكريم

كرهُ قريشٍ سماعَ القرآنِ:

كانتْ قريشٌ تعلمُ أن في هذا الدينِ الجديدِ من المبادئ والقيمِ العظيمةِ ما إنْ تحققَ عادَ عليهمْ بالضررِ، إذ إنَّ الحياة التي اعتادوها، وعبادَة الأصنام كانَا يوفران لهمْ الفوضىَ فهمْ يفعلونَ مايريدونَ، وقتمَا يريدونَ، يرتكبُون المعاصِي أو الذنوبَ العظيمَة، فيسرقون، ويقتلون، ويزنون ولا أحدَ يحاسبهمْ، فلما أن جاءهمْ «الرسولُ العظيمُ» بمبادئِ الإسلامِ، راحُوا يحافظون على مراكزهمْ، وعلى متع الحياةِ التي يحصلونَ عليهَا، لذلكَ أخذوا يعادونَ «الرسولَ العظيمَ» ويقاومون «الإسلامَ» بكلِّ مايستطيعونَ من قوةٍ.

وكان أشدَّ الأمورِ إيذاءً على نفوسهمْ هو سماعهم «القرآنَ الكريمَ» يُقرأ أمامهم، ذلك لأنه يردُّ عليهمْ، بكلماتٍ واضحةٍ، محددةٍ -لا كفوضى حياتهم-، كلماتٍ قاطعةٍ تخبرهمْ بأن حياتهُم التي يحيونَها هي الباطلُ.

وكانت قريشٌ قد اعتادتْ أن تستمعَ إلى القرآنِ الكريمِ يقرأُ من فم «الرسولِ العظيمِ» عذباً سلسلاً وقد اعتادوا أن يهربُوا حينما يسمعون تلك

الكلماتِ العظيمةِ، ولم يكنْ رجلٌ من المسلمينَ غيرَ الرسولِ العظيمِ قد غاظهمْ، فتلاَ عليهمْ كلماتِ اللَّهِ التي لاتحبها أنفسهم الشقيةُ الضائعةُ[١].

شجاعة عبداللَّه:

واجتمعَ أصحابُ الرسولِ العظيمِ في أحدِ الأيامِ فقالوا:

- «ماسمعتْ قريشٌ القرآنَ يجهرُ بهِ، فَمَنْ منكمْ يسمعهم القرآن».

إِن صحابةَ «الرسولِ العظيمِ» يعلمون أن قراءةَ القرآنِ الكريم أمامَ المشركينَ، هو أكثرُ شيءٍ في الدنيا يغيظهُم، لذلكَ يريدونَ واحداً منهمْ يتحملُ ما سيفعلهُ المشركونَ، إذا ما ذهبَ إِلى حيثُ اعتادوا الاجتماعَ، وقرأ عليهم «القرآنَ الكريمَ»، توقعَ «الصحابةَ» أن يغتاظ المشركونَ، فيتصرفوا علىَ غير عقلٍ، ويطيشوا، ذلك لأنَّ واحداً من أصحابِ محمدٍ قد تجرأَ وقرأَ عليهمْ آياتِ الذكرِ الحكيمِ، قرأَ على نفوسهمُ الطائشةِ الرعناءِ كلماتِ اللَّهِ...

قال ابنُ مسعودٍ:

- «أنا»[٢].

إِنه الرجلُ...

عبداللَّه بن مسعود...

١- سيرة ابن هشام - حـ١ - ص٢٧٥.

٢- الكامل في التاريخ - ابن الأثير - حـ٢ - ص٨٣. دار بيروت للطباعة والنشر.

رغم ضآلةِ جسمهِ ونحافتهِ، هذا الجسدُ الذي ماتعودَ إلا الفقرَ الشديدَ والعملَ منذ الصغر حتى يستطيعَ صاحبهُ الحصولَ على الطعام الذي يكفلُ له الاستمرارَ في الحياة، رغم ذلك إلا أن تلك النفس التي سكنتْ هذا الجسدَ ماكانتْ إلا نفساً قويةً عظيمةً، ترفضُ الخوفَ والسكينةَ، والاستسلامَ للظلم لقد كانت النفوسُ تقاسُ بالأجسام والأموالِ؟.

فكم من صاحبِ جسدٍ قوي متينٍ، وهو لا يملكُ إلا نفساً هزيلة لاتزنُ شيئاً، لأنها لاتعرفُ عن الحقِ، وعن اللّهِ وكلماته شيئاً؟. هؤلاء كثيرونَ، وكان أشهرهمْ أبا جهل «عمرو بن هشام» وستأتي حكايتهُ مع «عبداللّه» بعد قليلٍ.

وقام «عبداللّه» فأعلنَ استعداده لأن يقرأَ «القرآنَ الكريمَ»، أمامَ قريشٍ فقال بقيةُ الصحابة له:

- «نخشى عليكَ إنما نريدُ مَنْ له عشيرةٌ يمنعونهُ».

ابن مسعود.. «الرجل»:

قال الصحابةُ الكرامُ إنهم يخافونَ عليه، ولقد كانوا يريدونَ أن يكونَ ذلك الذي سيقرأُ عليهم كلماتِ اللّه ذا قوةٍ بأهله، يريدونه رجلاً من قبيلةٍ كثير عددُها، يستطيعونَ حمايتَه، وتخليصه من أيدي المشركينَ إذا ما اشتدوا في تعذيبه، فإن الموقفَ رهيبٌ، وهم سيفاجئون به كفارَ مكة، لكن

الصحابة يخافون على «عبداللّه» من أذى قريشٍ.

ولكنَّ «عبداللّه» البطل الذي لايتراجعُ أبداً، وهو يعلم أنه لن يحميه أحدٌ من الناسِ، وأن الذين سيقفونَ إلى جوارِه ليسُوا عشيرتَه، أو قومُه، وإنما هو الله القادر على حمايتهِ، لذلك أجابهم «ابنُ مسعود»، البطلُ قائلاً:

- «إِن اللّه سيمنعني».

لقد تعودَ «عبداللّه» أن القويَّ الذي يحمي عباده المؤمنين هو الله الواحدُ عز وجل، و«عبداللّه» في حمايتهِ، فلن يستطيعَ أحدٌ من الناس أن يضرَّه - ولو اجتمعوا- إلا بشيء قد كتبهُ اللّهُ على «عبداللّه».

كان «عبدُاللّه» يعلمُ ذلك جيداً، لذلك لم يتراجعْ بل صممَّ على موقفهِ تعودتْ «قريشٌ» عند الضحى أن تجتمعَ عند «مقام إبراهيم» فتتحدثُ بأمور تهمها من تجارةٍ وحربٍ وأمن، هذه عادتهم المستمرَّة. عادةٌ لهم كانوا يفعلونها كل يوم، غير أنهم في هذا اليوم قد فوجئوا بأمرٍ لم يكن يخطر لهم على بالٍ:

جاء «عبداللّه بنُ مسعود» أمامهمْ، إلى المقام، فجلسَ، ثم قرأَ:

«بسم اللّه الرحمن الرحيم»[1].

وتعمَّدَ «عبدُاللّه» أن يرفعَ صوتَه بها، تعمدَ أن يرفع صوتَه حتى يسمعهُ

١- هي والآية الأولى من سورة الرحمن، عن سيرة ابن هشام - جـ١ - ص٢٧٥.

جميعُ المحيطين به، حتى تصلَ الآياتُ إِلى آذان المشركين جميعهمْ وبدأ في قراءة سورة الرحمن فقال:

﴿الرَّحْمَنُ ۝١ عَلَّمَ الْقُرْآنَ﴾.

وهكذا، في عذوبةِ صوتٍ، في شجاعةٍ لاحدَّ لها، في جرأةٍ لم يسبقه إِليهَا إِلا الرسولُ العظيمُ، في تحد واضحٍ، راحَ «عبدالله» يكملُ قراءة آي الذكرِ الحكيمِ من «سورة الرحمن».

كان المشركونَ مستمرينَ في أحاديثهمْ، غير أنهم رأوا «عبدالله» يقرأُ كلماتٍ بصوتٍ عالٍ، فتوقفَ بعضهمْ، ثم توقفوا جميعاً، وراحوا يتساءلونَ عما يفعلهُ، تمهلوا، انتظروا حتى يعرفوا، ما الذي يقرأه؟ فلما تأكد لديهمْ أنه يقرأُ آياتٍ بيناتٍ من «القرآنِ الكريمِ» وأينَ؟، في جانبِ الكعبةِ، حيثُ يجلسونَ حولها، ويتخذونَ من هذا المكانِ موضعاً لعبادةِ الأصنامِ، لقد أثبت «عبدالله» بالفعلِ جرأته، وقام إِليه مجموعةٌ منهمْ، أخذُوا يضربونهُ، في غيظٍ، يضربونه بشدةٍ، يضربونهُ في وجهه ضرباً شديداً، كان «عبدالله» يحس ألمه، لكنهُ كان مستمراً في قراءتهِ وتحديه للمشركين بينما يشتدُّ غيظهمْ منهُ[1].

عبدُالله يعودُ إلى الصحابةِ:

وبعدمَا أتمَّ «عبدُالله» مهمتهُ، عادَ إِلى أصحابِهِ، عاد إِليهمْ بوجهٍ غيرِ

١- تاريخ الإسلام - د. حسن إبراهيم حسن - ص٨٣، ص٨٤، مكتبة دار النهضة المصرية.

الذي فارقهمْ لقد عاد وقد أثر فيه ضرب المشركين له، لقد تورمَ وجههُ وانتفخَ، فلما رآه الصحابةُ قالوا:

- « هذا الذي خشينا عليك ».

إن تأثيرَ تعذيبهمْ له ظاهرٌ على وجههِ، يقولونَ له إن هذا الألمَ الشديدَ الذي تعرضَ له، كان متوقعاً من قبل، وخافوا عليه منه، فما كان من « عبداللَّه » ذي الإيمانِ الشديدِ، إلا أنْ قالَ:

- « ماكان أعداء اللَّه أهونَ عليَّ منهم اليومَ، ولئن شئتمْ غداً لأغادينهمْ ».

يخبرهم بأنهُ رغمَ هذا التأثيرِ الشديدِ لضربهمْ إلا أن جميع المشركينَ لم يعودوا يخيفونه، بل إنهم ضعفاءُ في نظرهِ، بعدمَا رأى شدتهمْ في عداوته لقد رأى، وذاقَ منهم شديد العداوة، لقد عرفَ قسوتهمْ، ولكنَّ حبَّه إبلاغ كلماتِ ربه، وقراءة « القرآنِ الكريمِ » أعظمُ في نفسه من قوتهمْ، لذلك يعرض على الصحابة من جديدٍ، أن يذهبَ إلى المشركينَ في اليوم التالي كي يسمعهمْ « القرآنَ » مرة أخرى، فإنه على أتم الاستعدادِ لذلكَ، لكنَّ الصحابةَ أجابُوه بقولهمْ:

- « حسبُكَ لقدْ أسمعتهمْ مايكرهونَ ».

يقول الصحابةُ له يكفيهِ ماقرأَ على المشركين من آي الذكرِ الحكيمِ، فلقد أسمعهمْ مالم يكونُوا يريدون سماعهُ ويكرهونهُ.

ملازمة عبدالله للرسول:

ومنذُ ذلكَ اليوم أصبحَ « عبدالله » ملازماً لرسولِ اللَّه في كل مكانٍ يذهبُ إليه، يحفظُ منه أولاً بأول كل ماينزلُ عليه من آياتِ « القرآنِ الكريمِ »، ويقومُ على جميعِ أمورِ خدمتهِ، ويسيرُ إلى جوارهِ في الطريقِ، ولايفارقُه(١).

خدمته للرسول:

ولم يقتصر دورْ « عبدالله » على ملازمتهِ لـ« الرسولِ » فقط، بل أصبحَ يخدمُه، وينالُ هذا الشرفَ العظيمَ، فكان يستر « الرسول » إذا قام للاغتسالِ وإذا ماذهبَ للنومِ كان « عبدالله » يقومُ بايقاظه في الموعدِ الذي يحددهُ « الرسولُ العظيمُ »، وإذا أراد الرسولُ القيامَ أسرعَ « عبدالله » إليه فألبسهُ نعليهِ، وإذا أراد « الرسولُ » الجلوسَ أخذَ عنه نعليه اللذين يلبسهمَا في قدميه فأدخلهمَا في ذراعيه، وناوله العصا، حتى إذا أراد « الرسول » القيامَ ألبسهُ النعلينِ، وأخذ عنه العصا، فسار بها أمامهُ، حتى يدخلَ الحجرةَ بها قبل الرسول العظيم(٢).

الشبه الشديد بين عبدالله والرسول:

ومن طول ملازمة « عبدالله » لـ« الرسول » أصبح يشبهه في طريقة حديثه

١- عبدالله بن مسعود - حديوي حلاوة - مكتبة الدار العربية للكتاب.
٢- طبقات ابن سعد.

ومعاملتِه للناسِ، بل وفي صفاته أيضاً، ويقولُ عنه «حذيفةُ بن اليمان» الصحابي الجليل:

- «مارأيتُ أحداً أشبه برسولِ اللّه في هديْه ودَلّه وسَمتِه إلا عبداللّه بن مسعود...

ولقد عَلمَ من أصحاب رسول اللّهِ صلى اللّهُ عليه وسلم أَنَّ ابن أُمِّ عبد أقربهُم إلى اللّهِ زلفيَ».

إن «حذيفةَ» يشهد أنه لم يكن أحدٌ من الصحابةِ أكثر شبهاً بالرسولِ أكثر من «عبداللّه» ولقد علم جميعُ الصحابة عنه أنه مقربٌ إلى ربه.

وكان الصحابةُ الكرامُ يتحدثون عنه فيقولون:

- «كانُ يؤْذَنُ له إذا حُجِبْناَ.. ويَشهْدَ إذا غِبْناً»

إنه المقربُ إلى الرسول، يأذنُ له فيدخل إذا منع الصحابة من الدخولِ وهو القريبُ الذي يشهدُ إذا غابُوا. هكذا كانت ملازمةُ عبداللّه للرسولِ.

الفصل الثالث
عبدالله يقرأ القرآن على الرسول

عذوبة صوت:

أنعمَ اللَّه على « عبداللَّه » بنعمة حسن الصوت، فكان صوتُه ندياً جميلاً إذا أخذ في تلاوة « القرآن الكريم » وكانت قراءته محببةً إلى النفس، فكانت تنسابُ في رقةٍ، حتى تمسَّ القلوب فتطرب، وكانت قراءتُه من فرط عذوبتها تقرب معاني « آي الذكرِ الحكيمِ » إلى سمع المؤمنين، فتهزُّ مشاعرهُم، وتطربُ آذانهم لها، وتمتعُ أرواحهمْ، تشتاقُ القلوبُ إلى المزيدِ من الاستماعِ إليها من فمِ « عبداللَّه » .

وكان « الرسولُ العظيمُ » واحداً من هؤلاء الذين يحرصُون على الاستماع إلى « القرآن الكريم » من فم عبداللَّه، ويروي ابن مسعود أن الرسول العظيم قال ذات مرة له:

- « اقرأْ عليَّ » .

- « يارسول اللَّه أقرأ عليك وعليك نزل؟ » .

يستفسرُ « عبداللَّه » من « الرسولِ » هل يقرأُ عليه القرآن وعلى الرسولِ أنزلَ القرآنُ، وهو أعلم الناسِ به، وأحفظُهم له، فيجيبه « الرسولُ العظيم » :

- « نعمْ فإني أحبُّ أن أسمعَه من غيرِي » .

يخبره «الرسولُ» بأنه يحبُّ أن يستمعَ إِلى آيات القرآن من غيره، ويبدأ «عبداللَّه» في قراءة آيات من سورة النساء، من بداية «السورة» حتى وصل إِلى قوله تعالى:

﴿ **فَكَيْفَ إِذَا جِئْنَا مِن كُلِّ أُمَّةٍ بِشَهِيدٍ وَجِئْنَا بِكَ عَلَىٰ هَٰؤُلَاءِ شَهِيدًا** ﴾.

فقال «الرسول العظيم»:

- «حسبُكَ الآنَ».

يطلبُ الرسولُ منه أن يتوقف، توقفَ «عبداللَّه» عن القراءةِ، ونظر إِلى وجه الرسول فوجد «عينيه تذرفان».

أيْ وجدَ «عبداللَّه» عيني «الرسول العظيم» وقد امتلأتْ بالدموعِ التي راحتْ تفيضُ من كثرةِ خشيتهِ -صلى اللَّه عليه وسلم- وخوفه من ربه[١]. فالآية الكريمةُ تتحدثُ عن موقفِ الناسِ يوم القيامةِ إِذ يقفُ كلُّ نبي وحولهُ أتباعهُ وكل نبيٍّ يشهدُ على قومهِ، وتتساءل الآية عن موقفِ المؤمنينَ من أصحابِ الرسولِ يوم القيامة إذ يجيءُ الرسول شهيداً عليهم، وعلى أعمالهمْ، بكَى الرسولُ العظيمُ إِذْ إِنهُ خشيَ على المؤمنينَ به، بكَى لأنه استمعَ إِلى هذه الكلماتِ تتدفقُ من بين شفتي «عبداللَّه» نديةً من فم «عبداللَّه».

ولجمالِ صوتهِ، وحسنِ أدائهِ كان الرسولُ يوصي بأن يستمعَ الصحابةُ

١- رواه مسلم انظر تفسير ابن كثير- المجلد الأول- ص٤٩٩ - مكتبة أسامة الإسلامية.

إليه وهو يقرأ «القرآن الكريم» فيقول لهم - صلى اللّه عليه وسلم-:

«مَنْ أحبَّ أن يَسْمَعَ القرآن غضاً كما أنزِلَ فَلْيسَمعْهُ من ابن أُمِّ عَبْدٍ. مَنْ أحب أن يقرأ القرآن غضاً كما أُنْزِلَ فَلْيَقْرأْهُ على قراءة ابن أُمِّ عبد».

إنّه يوصِي الصحابةَ الكرام، فالذي يحبُّ منهم أن يسمع القرآن نديًا جميلاً كما أنزلَه اللّه، فليستمع إليه من «ابن أم عبد» أي من «عبداللّه» ليس هذا فقطْ بل ومَنْ يحبُّ أن يقرأ القرآن نديًا جميلاً كما أُنزِلَ فليقرأه بالطريقة التي يقرأ بها «عبداللّه».

إنها شهادةٌ عظيمةٌ له بحسن قراءة القرآن الكريم، صادرةٌ عن مَنْ؟

عن الرسولِ العظيمِ الذي أنزلَ اللّه عليه القرآن.

شهادةٌ بالتميزِ، وفي أي مجالٍ؟ في مجال قراءة كلماتِ الحق - عز وجل- فما أحسنَ هذه المكانة؟

الرسول يدعو لعبداللّه:

أمَّا هذا الموقفُ فإنَّ الذي يرويه لنا هو «عمرُ بنُ الخطاب» يقول:

- «إنَّا سمرنا ليلةً في بيتِ أبي بكر في بعضِ مايكونُ من حاجةِ النبي - صلى اللّه عليه وسلم-، ثم خرجنا ورسول اللّه يمشيِ بيني وبين أبي بكر، فلما انتهينَا إلى المسجدِ إذا رجل يقرأُ، فقام النبي - صلى اللّه عليه وسلم-

يستمع إِليه، فقلتُ:

- يارسول الله عتمْتَ؟

فغمزني بيده أَنِ اسكتْ».

لقد سهر «الرسول العظيم»، و«أبوبكر»، و«عمر» في إِحدَى الليالي يبحثون في أمر يهم الرسولَ، وخرجَ الثلاثةُ معاً، يمشونَ يحيطُ «أبو بكر»، و«عمر» بـ«الرسول»، وهو يسيرُ بينهمَا، حتى إِذا وصلُوا المسجدَ، رأوا رجلاً يقرأُ «القرآن» فقام «الرسول العظيم» يستمعُ إِليه فأطالَ الاستماعَ حتى سأله عمرُ هل يستطيعُ الرسولُ الرؤية لشدة الظلام؟ فغمزه الرسولُ آمره بالصمت، ومضى يستمعُ إِلى ذلك الرجل وهو يقرأ، ويكمل «عمرُ» الحكايةَ فيقول:

- «فقرأ، وركع، وسجد، وجلس يدعو ويستغفر، فقال البني - صلى اللّه عليه وسلم -: سَلْ تُعْطَه».

وبعد أن قرأ الرجلُ ماشاء اللّه له من القرآن، ركعَ، وسجدَ، وبعدما أكمل صلاتَه جلس يدعو اللّه، ويستغفرُ لذنوبهِ، كل هذا و«الرسول العظيم» واقف في مكانه يتابعه ويستمع إِليه، حتى إِذا وصل إِلى الدعاءِ أخذَ يقولُ له: اطلبْ حاجتكَ من الله فعسى أن يستجيبَ دعاءَك، فَمَنْ كان ذلك الصحابيُّ الذي توقفَ «رسولُ اللّه» طويلاً يستمعُ إِلى قراءتهِ للقرآنِ، وتابعهُ وهو يكملُ صلاته، ويركع، ويسجد، كل هذا دون أن يراه المصُلي؟ مَنْ

هذا الرجل الذي دعَا «الرسولُ ربَّه» كي يستجيب «دعاءهُ»، بل وبشرهُ بأنَّ له كلَّ مايسأل اللَّه..

إنه هو..

عبداللَّه بن مسعود.

وصية عبدالله لحافظ القرآن الكريم:

ولأنَّ مسيرةَ حياةَ «عبداللَّه» مع «القرآن الكريم» قد أوصلته إلى الخيرِ الكثير، ولأنه في صحبةِ كلماتِ اللَّه أحسَّ بعظمَة الحياة، بعدمَا عاشَ عمراً قبلها يشعرُ بالفراغِ، ولأنَّ حياةَ «عبداللَّه» قد ازدهرتْ بآي الذكرِ الحكيمِ، ولأنه يحبُّ «الخيرَ» لجميعَ المسلمينَ، فلقدْ أراد لهمْ أن يحملُوا القرآن بإيمانهمْ وأخلاقهمْ وحياتهمْ كما حملهُ هو، فقالَ هذه الوصيةَ، يعلمُ المؤمنينَ بها: كيف يكونُ حالُ حافظِ «القرآن الكريم»، وكيفَ يمكنُه أن يغتنمَ هذه الفرصَةَ ليصل بنفسهِ إلى الجنةِ، يقول «عبداللَّه»:

- «ينبغي لحاملِ القرآنِ أن يُعْرَفَ بليله إذِ الناسُ نائمون، وبنهارهِ إذ الناسُ يفطرونَ، وبحُزنه إذ الناسُ يفرحونَ، وببكائه إذ الناسُ يضحكونَ وبصمتهِ إذ الناسُ يخلطون، وبخشوعهِ إذ الناسُ يختالونَ، وينبغي لحاملِ القرآن أن يكون باكياً محزوناً، حكيماً حليماً، عليماً صامتاً، ولاينبغي لحامل القرآن أن يكون جافياً، ولاغائلاً صَخَّاباً ولا صيَّاحاً، ولامديداً».

إنه عالمٌ مختلف تماماً.

ذلك عالمُ الذي يعيشُ مع «القرآن الكريم»، عالَمٌ غيرُ هذا الذي يحياه الناسُ، وفيه ينامون الليلَ، ويتمادونَ في الضحك، ويتحدثونَ فيخلطونَ في كلماتهم بينَ ماينبغي أن ينطقوا به، وبين الذي يجبُ الصمتُ عنه، بل ويتكبرونَ، ويتباهونَ بأنفسهمْ، أما «حافظُ القرآن الكريم» الذي يحملُ كلماتِ اللّه، فينبغِي أن يكونَ شخصاً مختلفاً تماماً، فهو ـ كما يراه «عبداللّه» ـ حريص على قيامِ الليلِ، يصلي ويتلو القرآن، أما في النهارِ فهو قائم يصلّي، فإن لم يكن فصائمٌ يرددِ آياتِ الذكرِ الحكيمِ، وهو حينمَا يتدبرُ معانيه، ويعيها جيداً، يشعر بما فيها فيبكي تأثراً، أما إذا جلسَ بين الناس فرآهم يخلطونَ في كلماتهمْ فينبغِي أن يكون صامتاً، خائفاً، تقياً إذ يتكبرُ الناسُ.

وكذلك فإنَّ عليه أن يتصفَ بالحكمةِ، وبالصبرِ الشديد، فلا يكونُ سيء الطبعِ ولا عالي الصوت، لأنهُ مثالٌ يقتدي به الناسُ، هكذا كانتْ أخلاقُ «عبداللّه». في رحلتِه مع أفضلِ الكلماتِ، كلماتِ اللّه، وكذلك أوصَى جميعَ المسلمين بالخيرِ الذي عرفَه.

الفصل الرابع
عبدالله في غزوة بدر

صبر عبدالله على العذاب في مكة:

تحمل الرسولُ العظيمُ وصحابتهُ الكرامُ الكثيرَ من أذى مشركي مكةَ صابرينَ؛ فلمْ يكنْ هؤلاءِ المشركونَ يرفضونَ الدخولَ في دينِ اللَّه فقط، بل يحاربونَ المسلمينَ بكل قوتهم، فيأخذونَ الضعفاءَ منهم إلى الرمالِ المحرقةِ في وقتِ الهجيرِ، حيث ترتفعُ درجةُ الحرارةِ، ويضربونهمْ ضرباً شديداً وكان الصحابةُ الكرامُ يصبرونَ على هذا الأذي الشديدِ، ويطلبونَ الثبات من اللَّهِ والأجرَ والثوابَ.

وكان من هؤلاء الكفارِ الغلاظِ القلب، الذين يعذبونَ المسلمينَ في قسوة لاتعرفُ الرحمةَ، كان من هؤلاء «عمروُ بن هشامٍ» الذي أطلق عليه «الرسول العظيم» لقبَ «أبي جهلٍ» لكثرةِ حماقاتهِ، وأبو جهل هذا كثيراً ماعذبَ «عبدَاللَّه بن مسعود».

ومثلما صبرَ الضعفاءُ من المسلمين صبرَ «عبدُاللَّه» حتى أتى اللَّه بالفرجِ وأذن بالفتحِ من عنده، وأمرَ «الرسولَ العظيمَ» بالهجرةِ من «مكةَ» إلى «المدينةِ المنورةِ».

هجرة عبدالله إلى المدينة:

وخرجَ الصحابةُ من «مكةَ» فارينَ بدينهمْ، هاربينَ من عذابِ المشركينَ وقسوتهمْ عليهمْ، خرجوا تاركينَ وراءهمْ أموالهمْ، وبيوتهمْ، وكل شيء لهم في سبيلِ اللَّه، وخرجَ معهم «عبداللَّه»، حتى وصلوا إلى «المدينة المنورة»، وهناك جعل الرسولُ كلَّ اثنين من الصحابةِ أخوين في اللَّه، وهي أخوّةٌ أعظمُ حتى من أخوَّة النسبِ، وجعل «الرسُول العظيمُ» «ابنَ مسعود» و «الزبيرَ بن العوام» أخوينِ[1]، فمضيا يبدأان حياتهمَا في «المدينة المنورةِ» التي كانت تسمىَّ «يثربَ» قبل هجرة الرسولِ إليها فمضيَا معاً يتعاونانِ على الحياةِ الجديدةِ.

غزوة بدر:

وفي شهر رمضانَ، من هجرة «الرسول العظيم» علم – صلى اللَّه عليه وسلم - أن تجارةً لقريش عائدةٌ من الشام، وأن هذه التجارةَ محملةٌ بالكثير من البضائعِ الغاليةِ، وأن القافلةَ التي يقودُها «أبو سفيان» ستمرُّ في طريقِ عودتها بـ«المدينةِ المنورةِ»، لذلك قدر «الرسول العظيم» أن أخذه للخيراتِ - والبضائعِ المحملةِ في القافلة سوف يكون تعويضاً عما فقده «الصحابة الكرامُ»، وتركوه أثناء الهجرة، لكنَّ «أبا سفيانَ» ما إِن علم بعزمِ الرسولِ

١- سيرة ابن هشام – جـ٢ – ص١٠٩.

الاستيلاءَ على القافلةِ حتى سارَ من طريقِ آخرَ، استطاعَ العودة بالتجارة إلى « مكة » .

لكنهُ العنادُ كان قد تملكَ من نفسهِ، فراحَ يشجعُ « مشركي مكة » على الخروجِ لحربِ المسلمينَ فكانت « غزو بدر » .

وخرج الصحابةَ لمقابلةِ المشركينَ، واثقينَ من نصرِ اللَّه ـ لهم ـ رغم قلةِ عددهِمْ، وكثرةِ عددَ عدوهِمْ، وخرجَ بينهم « عبداللَّه بن مسعود » وكله حماسةٌ ـ ورغبةٌ ـ وتصميمٌ على تحقيقِ نصرِ اللَّهِ الذي وعده للمسلمينَ إن هم أخلصُوا ، وصدقوا النيةَ في حربِ عدوهِمْ، وبدأت المعركةُ، والمسلمونَ كلهمْ عزمٌ ـ وتصميمٌ، لايقلُّ عن عزمِ وتصميمِ « عبداللَّه »، وكان من هؤلاء الصحابةِ الذين شهدوا المعركةَ « عبدالرحمن بن عوف » الذي يحكي لنا هذه الحكايةَ الطريفةَ :

« إني لفي الصفِّ « يوم بدرٍ » إذ التفتُّ فإذا عن يميني وعن يساري فَتَيَانِ وهما ابْنَا عفراء حديثا السنِّ، فلكأنيِّ لم آمَنْ بمكانهمَا، إذ قالَ لي أحدهمَا سراً عن صاحبهِ :

– ياعَم أين أبو جهلٍ؟

فقلتُ :

– يا بن أخي فماذا تصنعُ به؟

قال :

- أُخبِرتُ أنه يسبُّ رسول اللّه -صلى اللّه عليه وسلم- والذي نفسِي بيده لئنْ رأيتهُ لايفارقُ سوَادِي سوادَهُ حتى يموتَ الأعْجَلُ منا:

قال «عبدالرحمن بنُ عوف»:

- فتعجبتُ لذلكَ.

ثم قال:

- وغمزني الآخرُ، فقال لي مثلها».

إنهَا إِحدَى عجائبِ هذا الدينِ، إنه الإِسلامُ حينما يتغلغلُ داخلَ النفُوسِ وينتشرُ، إنه الإِسلامُ وقد دخلَ نفس هذينِ الشابينِ الصغيرينِ، فهما أشدُّ غيرةً على «رسولِ اللّه»، لأنهما يحبانه، وقد سمعَا أن عدوَّ اللّه «أبا جهل» قد بلغت به الوقاحة إِلى الحد الذي يسبُّ به «الرسول العظيمَ»، لذا فلقدْ قررَ كل منهما أمراً.

ولما قابل الأولُ «عبدَالرحمن بن عوف» الصحابيَّ الجليلَ سأله عن مكان «أبي جهل»؛ لأنه قرر أن يجازيه على سوءِ أدبه في الكلامِ عن «الرسولِ العظيم» ويقتلهُ، تعجبَ «عبدالرحمن» من قولهِ، لكن الشابَّ الآخرَ قال له الكلام نفسَه، وحينمَا أبصرَ «عبدالرحمن» «أبا جهلٍ» قال لهما:

- ألا تريانِ؟ هذا صاحبكمَا الذي تسألانِ عنه.

فابتدرا – مسرعينْ– بسيفيهِمَا فضرباهُ « حتى أردياه مضرجاً بجراحهِ، ثم انصرفا إِلى رسولِ اللَّهِ ﷺ، فقال:

– « أيكمَا قتلهُ؟ ».

فقال كلٌّ واحد منهمَا:

– « أنا قتلتهُ ».

قال:

– « هل مسحتُما سيفيكمَا؟ »

فقالا:

– « لا ».

فنظر رسولُ اللَّه – صلى اللَّه عليه وسلم– إِلى السيفينِ، فقال:

– « كِلاكُما قَتَلَه ».

موقفٌ جميلٌ:

لقد أسرعا إِلى « أبي جهل » فقتلاهُ حينما علما بمكانهِ، وأسرعا إِلى الرسولِ وكلٌ منهما يفتخرُ بأنه قتلَ عدوَّ اللَّه « أبا جهل »، وأراد « الرسول العظيم » أن يستدلَّ على قاتلهِ منهما، فأرادَ أن يرى سيفَ كلٍّ منهما، فرأى الدم لايزال على السيفين فحكم بأن كليهما قد قتلَ « أباجهلٍ ».

أما هذان الشابان الصغيران فإنهما:

مُعاذ بن عمرو بن الجموح، ومُعَوذ بن عفراء[1]. وقد قتل الأخيرُ في المعركة نفسها[2].

دور عبدالله في القضاء على أبي جهل:

وبعد أن انتهت المعركةُ، أخذَ «الرسول العظيم» يأمرُ أصحابه بأن يجعلوا جثثَ المشركينَ في حفرةٍ واحدةٍ سُميت «القليب»، وأمر الرسولُ صحابتهُ أن يبحثوا عن «أبي جهل» في القتلى، وقد أعطاهُم «الرسول العظيم» علامة يعرفونَه بها فقال:

- «انظروا إن خفي عليكم في القتلى - إلى أثر جرحٍ في ركبتهِ، فإني ازدحمتُ أنا وهو على مأدبة لعبد اللّه بن جدْعان، ونحن غلامان، وكنتُ أشف منه بيسير، فدفعته فوقعَ على ركبته، فجحشَ -جرح- في إحداهمَا جرحاً لم يزلْ أثره به».

إنه «الرسولُ العظيمُ» كان هادياً لصحابته دائماً، أما العلامة التي حددها - إن لم يعرفوا- «أبا جهل» في القتلى، فهو جرحٌ في ركبتهِ ترك أثرهُ كخدش منذ كانَ «الرسولُ» وهو صغيران يتسابقان على طعامٍ.

١- صحيح البخاري.

٢- سيرة ابن هشام، - حـ٢ - ص٢٠١.

أما « عبداللَّه » فما كاد يسمعُ هذه الكلماتِ من شفتي « الرسولِ العظيمِ » حتى أسرعَ يبحثُ عن « أبي جهل » في القتلى، أسرعَ « عبداللَّه » وهو يعرفُ مَنْ هو « أبوجهل »؟ وأيُّ عذابٍ الذي أذاقه للمسلمينَ؟.

يحكي « عبداللَّه » عن هذا الموقفِ فيقولُ:

– « فوجدته بآخرِ رمَقٍ فعرفته، فوضعتُ رجلي على عنقه، وقد كان خبثُ بي مرةً بمكةَ، فآذاني ولكزني، ثم قلتُ له:

– هل أخزاكَ اللَّه ياعدوَّ اللَّه؟ ».

وجد « عبداللَّه » أبا جهلٍ وهو يعاني من سكراتِ الموتِ وخروجِ الروح، وأراد اللَّه له أن يريه الذلَّ الشديدَ قبل وفاته، فوضعَ « عبداللَّه، قدمَه على رقبتهِ وفي هذا منتهى الإذلال له، وتذكرَ « عبداللَّه » في هذه اللحظةِ موقفاً لـ« أبي جهلٍ » معه، إذ إنه كان قد قابله مرةً في مكة فآذاه ، وضربه.

وفي هذا الموقف يسأل « عبداللَّه » أبا جهلٍ هل يحسُّ في موقفه هذا، وهو يرى نهايته على أرضِ بدرٍ بعيداً عن « مكةً » التي طالما تجبرَ وتكبر فيها على الناس، وحرصَ على أذيتهمْ، وتعذيبهمْ يسألهُ « عبداللَّه » هل يحسُّ بالذلِّ، وهو في مكانٍ غريبٍ، يقابلُ الموتَ، فيردُّ عليه « أبو جهلٍ » قائلاً:

– « هل فوَق رجل قتله قومه؟ ».

حتى في مثلِ هذا الموقف يجدُ «أبوجهل» من الكلماتِ مايبررُ بها لنفسه خطأه فيقولُ ولماذا أشعر بالذلِّ؟

ولماذا أشعرُ بأن اللَّه قد أهانَني؟ وما أنا إلا رجلٌ قد قتلتموه؟

هكذا يجدُ هذا الإنسانُ من الكلماتِ مايبررُ لنفسه به خطأً حتى وهو يموتُ، ويعاني وهو يعرفُ أن حياتَه قد انتهتْ، إلا أنه يصرُّ على خطئه ويكمل كلماته فيقول:

- «أخبرني لِمَنْ الدائرة اليوم؟».

أما عن آخر سؤال يستطيعُ أن يسأله في حياتهِ كلها فلقد كان عن الجيش الذي انتصرَ في هذه المعركةِ الحاسمةِ، فيجيبه «عبداللَّه»:

- «للَّه ورسولِه».

المكان العالي الذي صعد عليه عبداللَّه:

وكانت آخر كلمات نطق بها «أبوجهل» الكافر، الذي كان لايشفق على أحد من المسلمين مهما كان، ولايرحمُ إنساناً أسلم، وماتت على يديه «السيدة سمية» من شدة التعذيب، هذا المغرورُ يقع اليوم تحت قدمي أحد المسلمين الفقراء، لكنه الإيمانُ، هو الذي أكسبه العزةَ، والقوةَ، والقدرة على الوقوف في وجه أمثاله، أما آخر كلمات «أبي جهل» الطاغية، الظالم،

المتكبر، فقد قال لـ« عبداللّه »:

- « لقد ارتقيتَ مرتقىً صعباً يارُوَيْعِيَّ الغنم »[1].

يا اللّه!.

حتى وهو يموتُ يقولُ مثلَ هذه الكلمات التي تدل على رجلٍ سيءٍ جداً؛ لأنه يحتقرُ الفلاحَ والراعي والمهنيّ الذي لا يأكلُ إلا من كسبِ يده. وهذه عادة المتكبرين دائماً.

في مثلَ هذا المكانِ لايجد الإنسانُ القدرَةَ على الكلام، يستطيعُ « أبو جهل » أن ينطقَ، ليسَ هذا فقط، بل ويحاولُ أن يعيرَ الصحابيَّ الجليلَ بأنه راعٍ للغنم -وكان جسد ابن مسعودٍ نحيلاً، وقدمه نحيفةٌ- يحاوُل أن يعيِّره فيقول له بأنه قد صعد فوق شيء يصعبُ الصعودُ فوقه.

أما « عبداللّه بن مسعود ». فإنه لم يرد عليه بالقول، وإنما رد عليه بفعلٍ مناسب لكلماته البطرة، لقد قطع رأسه عن جسدهِ، وأخذ يجرها حتى وصلَ بها إلى مكان « الرسول العظيم » فقالَ له:

- يارسولَ اللّه هذا رأسُ عدوِّ اللّه « أبي جهلٍ ».

فيقول « الرسولُ العظيمُ » له:

- آللّه الذي لا إله غيره؟

١- سيرة ابن هشام، - حـ٢ - ص٢٠٢.

إن الرسولَ العظيمَ يستحلفه باللّه على صدق مايقولُ، لأن قتلَ مثل هذا الرجل يعتبرُ نصراً كبيراً للإسلامِ، لشدة معاداتهِ للمسلمينَ، ومكره بهمْ، لقد بلغتِ الفرحةُ بالرسولِ، حتى ليقسم على «عبداللّه» على صدقِ مايقولُ، فيجيبه «عبداللّه» :

- «نعمْ» .

ورمى برأسهِ بين يدي «الرسولِ العظيمِ» فحمد الرسولُ ربه[1] .

١ - خلفاء الرسول - خالد محمد خالد - ص٣٢٤، ص٣٢٥.

الفصل الخامس
من مواقف عبداللَّه العظيمة
بعد وفاة رسول اللَّه

استمرار عبداللَّه في الجهاد:

وظل «عبداللَّه» إلى جوارِ الرسولِ العظيم مؤمناً موحداً، يجاهد في سبيل اللَّهِ بما يملك، فشهدَ معه في «المدينة المنورة» غزوة «أحدٍ» و«الخندق» وحينما أذنَ اللَّه لرسوله بفتح مكة اشتركَ كل المهاجرين والأنصارِ في ذلك الفتح العظيم، وإنهاء وجود الكفرِ بأطهرِ بقاعِ الأرضِ.

لكن «الرسول العظيم» لم يعش طويلاً حتى توفاه اللَّه بعد الفتح بسنتين تقريباً، فبكى عليه «عبداللَّه» كثيراً، لقد تعود أن تكون حياته كلها حولَه، يخدمه، ويسير معه، ويسبقه في الطريق فيعد له المكانَ، حتى لقد كانَ أقربَ الصحابةِ شبهاً بهِ، واقتداءً بحركاته، هكذا راحَ الحزن الشديدُ يأخذ طريقه إلى نفسهِ، لولا أنه يعلم أن الموتَ حقٌ على كل إنسانٍ.

وفي خلافةِ «أبي بكر» الصديق احترمه «عبداللَّه» وأكرمه، وعرفَ له منزلته وقدره.

وبعد وفاته تولى «عمر بن الخطاب» الخلافة فجعله والياً على «بيت المال» في الكوفَة، وتلك منزلةٌ خاصةٌ جعله «عمرُ» فيها لأمانةِ «عبداللَّه»،

ولثقته فيه، كما جعله لأهلِ الكوفَة معلماً وناصحاً أيضاً، فأرسل يقول لهم:

- «إِني واللَّه الذي لا إِله إِلا هو ، قد آثرتكم به على نفسي، فَخُذُوا منه وتَعَلَّموا».

يقول «عمر» لهمْ إِنه قد فضلهمْ على نفسه فأرسلَ إِليهم «عبداللَّه بن مسعود» رغم حاجته إِليه، لذلك نصحهم أن يأخذوا عنه العلم ويتعلموا منه.

وبالفعل أحبه «أهل الكوفة» حبًّا شديداً، وتعلقوا به.

طاعة عبدالله:

وبعد وفاة خليفةِ المسلمين «عمر بنِ الخطاب» وتولية «عثمانَ بن عفان» الخلافةَ، ظل عبداللَّه، في مكانه والياً على بيت المال لفترة، ثم رأى الخليفة أن يعزله من هذا المنصب، ولشدة حب أهل الكوفة له، فقد تمسكوا به، والتفوا حوله، رافضين أن يترك مكانه، وقد أعلنوا عن رغبتهم في استمراره معهم. لكنَّ «عبداللَّه بن مسعود» المؤمن الذي صحب الرسول، وتعلم منه، وأخذَ عنه مبادئ هذا الدين، وتعلم أن طاعةَ اللَّه ورسوله وأولي الأمر واجبةٌ، ولكن «عبداللَّه» قال لهمْ حينما خاطبوه قائلين:

- «أقمْ معنا ولاتخرجْ، ونحن نمنعكَ أن يصلَ إِليكَ شيءٌ تكرهه».

قال «عبداللَّه» في كلمات تصور عظمة نفسه، ونقاءها، وخوفه على صالح المسلمين العام، لاعلى مصلحته الشخصية، قال «عبداللَّه»:

- «إنَّ له عليَّ الطاعة، وإنها ستكون أمورٌ وفتن، ولا أحب أن أكون أول مَنْ يفتحُ أبوابها».

هذا الموقفُ العظيمُ، يصورُ لنا شدة إيمانه، إنه موقفٌ جديدٌ يدلل على حسن الطاعة، يأمُره الخليفة أن يتركَ منصبه، فلا يعترضُ، ويقبل الأمرَ في سماحة نفس، ويجيء إليه الناس فيعرضونَ عليه أن يبقى في مكانه، وهم سوفَ يتمسكونَ به، ويدافعون عن حقهِ في البقاءِ، ولكن «عبدالله» الذي تربىَّ على يدي «الرسول العظيم» يعلم أن طاعة اللَّهِ ورسوله وأولي الأمرِ واجبةٌ.

ويتزايدُ الخلافُ في وجهاتِ النظر بينه وبين الخليفةِ «عثمان بن عفان» حتى ليرى الخليفة أن يقطع عنه راتبه الذي يأخذه من بيت المال»، ورغمَ ذلك لم يغيرْ «عبداللَّه» موقفه، بل ظل كما هو على طاعته لأمر الخليفةِ، وولائهِ له، وحينما اشتدَّ الخلاف بين الخليفة وبعضِ الذين ارتدوا عن الإسلام وزين لهم الشيطان قتل «عثمانَ»، وحينما صرحوا بعزمهم أمام «عبداللَّه» قال في حسمٍ:

ـ أمّا إنكمْ إن قتلتموه. فلن تُصيبوا مِثله[1].

كلمة حق تخرج منه، يقولُ في الخليفةِ ـ رغم ما بينهما من خلافٍ ـ مايستحقه، يقولُ: إنهم لو قتلوه فلن يجدوا شبيهاً له.

هكذا كان «عبداللّه»، وكان موقفه من «عثمانَ بن عفان» الخليفة الذي جرتْ في عهدِ خلافتهِ أمورٌ شديدةٌ، وتقديراً لموقف «عبداللّه» سنرى بعد قليلٍ مقدارَ حزن «عثمانَ» عليه حين وفاتهِ.

من أقوال الإمام علي في عبداللّه:

كان بعضُ الصحابةِ جالسين عند «عليٍّ بن أبي طالب» فقالوا:

ـ ما رأينا رجلاً أحسن خلقاً، ولا أرفقَ تعليماً، ولا أحسن مجالسةً ولا أشدَّ ورعاً من «ابن مسعود».

يصفونه بما فيه، فيقولون إنهمْ ما أبصروا رجلاً أحسنَ أخلاقاً منه، ولا أفضلَ رفقاً في تعليم الناسِ، ولا أحسن حديثاً عند مجالسةِ أصحابهِ، ولا أشدَّ خوفاً من اللّه وخشيةً له من ابنِ مسعود.

فيجيبهم الإمامُ علي:

ـ «أنشدكمُ اللّه هو الصدقُ من قلوبكم؟».

---

١ - أسد الغابة - ابن الأثير - ص٣٨٩.

يستحلفهم باللَّه هل قالوا الصدقَ من قلوبهمْ، فيقولونَ:

- نعمْ.

فقال الإمامُ:

- «اللهمَّ اشهدْ أني أقول مثلَ ما قالوا وأفضل مَنْ قرأ القرآن، وأحلَّ حلالهُ، وحرمَ حرامهُ، فقيه في الدين، عالم بالسنة»[1].

يشهدُ «عليٌّ» اللَّه أنه يقول في «عبداللَّه» مثلما قال الصحابةُ، ويزيدُ أنه - أيضاً- أفضلُ من تلا «القرآن الكريم»، وعرفَ الآيات الدالة على ماحللَ اللَّه فأفتى بحلهِ، وعلمَ الآيات الدالةِ على ماحرمَ اللَّه فأفتى بحرمتهِ، وهو الفقيهُ في الدين، العالمُ بالسنة.

وهي شهادة خير في حقه من الصحابة ومن ابن عم الرسول «علي بن أبي طالب».

عبداللَّه يصف نفسه:

وهاهو «عبداللَّه» يصفُ نفسه فيقولُ

«لقد علمَ أصحابُ محمد أني أعلمهمْ بكتابِ اللَّه، وما أنا بخيرهمْ، ولو أني أعلمُ أن أحداً أعلمُ بكتابِ اللَّه مني تبلغنيه الإبلُ لأتيته».

١- أسد الغابة - ابن الأثير - ص٣٨٩.

كانت كلماتُ «عبداللّه» هذه حينما علمَ أن سيدنا «عثمانَ» قد بدأ في نسخ المصحفِ، وتوزيع نسخهِ على الأمصارِ والبلادِ، يعطي «ابن مسعود» نفسه حقها فيقولُ إن الصحابة من أتباعِ «الرسولِ العظيم» قد علموا أنه أعلمهمْ بما في «القرآنِ الكريم»، ومن تواضعه - رضي اللّه عنه - يقول إنه - على الرغم من هذا - ليس بأفضل الصحابةِ، ومن تواضعه - أيضاً- يكمل قوله فيقول إنه لو كان يعلم أحداً أفضل منه معرفة بالقرآن الكريم، ويستطيع السفرَ إليه، لذهبَ إليه وهو في تواضعه يعرفُ لنفسه حقها فليسَ أعلم بالقرآن منه.

وقد شهدَ على هذه الكلمات صحابةُ الرسولِ من الحاضرين، وممنْ وصل إليهم قوله فلم يعترضْ عليه أحدٌ، لمعرفتهم جميعاً أنه إنما يقولُ الحقيقةَ.

عبداللّه وقراءة القرآن:

لذلك كان «عبدُاللّه» حريصاً على قراءةِ «القرآن» ويصفه أحد الصحابةِ وهو «عبيدُ اللّه بنُ عبداللّه» فيقول:

«كان عبداللّه إذا هدأتِ العيون قام فسمعتُ له دوياً كدوي النحلِ حتى يصبح».

إِذا نام الناسُ، حان الميعادُ، ميعاد لقاء «عبداللّه» بكلمات ربه، فيقومُ قارئاً للقرآن الكريم حتى الصباح، وعلى العهدِ بقي «عبداللّه» ذاكراً ربه، حتى جاء الميعادُ.

الفصل السادس

قطوفٌ من حياة عبدالله بن مسعود

أ- نماذج من فقهه:

لقد كان عبدالله بن مسعود من الفقهاء الكبار الذين لا يخلو كتاب فقه من ثمرات فقههم.

وإن استعراض تاريخ عبدالله بن مسعود دون المرور على فقهه لا يعد تاريخاً، ولا يعد درساً للكبار أو للصغار.

إذن فلابدَّ من العودةِ المرةَ بعد الأخرى للاغترافِ من فقه ابن مسعودٍ سواء كان ذلك في العقيدة أو العبادات أو المعاملات أو غيرها.

وحيث إننا لا نستطيعُ أن نلمَّ بفقهه كله بهذه العجالة، فلابدَّ منْ نماذجَ وأمثلةٍ قليلةٍ تشيرُ إلي مثيلاتها الكثيرة.

فمنْ ذلكَ:

١- تفسيرُ الإيمانِ:

في مقدمةِ كتابِ الإيمانِ من صحيحِ البخاري يقولُ في تعريف الإيمان:

اليقينُ: هو الإيمانُ كله.

وهذا القولَ أوردهُ البخاري بعد قوله: باب قولِ النبي ﷺ (بني الإسلام على خمسٍ) وهو: قولٌ وفعلٌ ويزيدُ وينقصُ.

٢- قصة تعريف الظلم:

قال عبدالله بنُ مسعود رضي الله عنه: لما نزلت الآية ﴿**الَّذِينَ آمَنُوا وَلَمْ يَلْبِسُوا إِيمَانَهُم بِظُلْمٍ أُوْلَئِكَ لَهُمُ الأَمْنُ وَهُم مُّهْتَدُونَ**﴾ سورة الأنعام.

شق ذلك على المسلمين فقالوا: يا رسول الله أَيُّنا لا يظلمُ نفسهُ؟ فقال النبي ﷺ ليسَ ذلك، إنما هو الشرك ألم تسمعوا ما قال لقمان لابنه وهو يعظه؟ ﴿**يَا بُنَيَّ لا تُشْرِكْ بِاللَّهِ إِنَّ الشِّرْكَ لَظُلْمٌ عَظِيمٌ**﴾ سورة لقمان.

رواه البخاري في أحاديث الأشياء برقم ٣٤٢٩

من تلاميذه

قال شفيقُ بن سلمةَ الأسدي أبو وائل: كنا ننتظرُ عبدالله بنَ مسعودٍ إذ جاء يزيدُ بن معاويةَ النخعيّ.

قلتُ: ألا تجلسْ؟

قال: لا، ولكن أدخُل فأخرج إليكمْ صاحبكم، وإلا جئتُ أنا فجلستُ لكمْ.

«وفي روايةٍ قلنا ليزيد: أعلمهُ بمكاننا».

فخرج عبدالله وهو آخذٌ بيده، فقامَ علينا فقالَ:

أما إني أخبر بمكانكم، ولكن يمنعني من الخروجِ إليكمْ أن رسولَ اللهِ ﷺ كان يتخولنا بالموعظةِ في الأيامِ كراهة السآمةِ علينا.

رواه البخاري في الدعوات برقم: ٦٤١١.

توضيحٌ: لقد كان رسولُ الله ﷺ هو المعلم الأول، وقد أرسله الله بأحكامِ الإسلامِ فنفذها حكما مبيناً طريقةَ تنفيذ الحكمِ، فمن ذلك أن النبيَّ ﷺ كان يأمرهمْ وينهاهمْ، ولكن بحكمةٍ ورفقٍ ولينٍ واختصارٍ دون مللٍ أو إملالٍ. وهكذا كان الصحابةُ الكرامُ، مثل عبدالله بن مسعود وغيرهِ. فقد

كانوا يلينونَ للناس، ويتخولونهمْ بالموعظةِ، ويتركونَ لهم الفرصةَ لاستيعابِ ما تلقوه من المواعظِ، ثم يأمرونهم وينهونهم ليجددوا فيهم الروح المستعدة للتلقي.

هذه أخلاق أسلافنا رحمهم الله تعالى.

وما أوتيتم من العلم إلا قليلا

عن عبدالله بن مسعودٍ ـ رضي الله عنه ـ قال: كنت أمشي مع رسول الله ﷺ في بعض حرث المدينة وهو يتكيءُ على عسيب معه، فمررْنَا على نفر من اليهود.

فقال بعضهمْ لبعض: سلوهُ عن الروحِ.

وقال بعضهمْ: لا تسألوهُ، أن يجيء فيه بشيء تكرهونهُ.

فقال بعضهم: لنسألنهُ.

فقام إليه رجلٌ منهم فقال: يا أبا القاسم ما الروحُ؟

فسكت عنه النبي ﷺ، فعلمت أنه يوحى إليه.

فقال ﴿ **وَيَسْأَلُونَكَ عَنِ الرُّوحِ قُلِ الرُّوحُ مِنْ أَمْرِ رَبِّي وَمَا أُوتِيتُم مِّنَ الْعِلْمِ إِلاَّ قَلِيلاً** ﴾. فقال بعضهم لبعض: قد قلنا لكم لا تسألوه.

رواه البخاري في التوحيد برقم ٧٤٦٢

توضيحٌ موجزٌ: كان عبدالله بنُ مسعودٍ - رضي الله عنه - يرافقُ النبيَّ ﷺ ويحرسُه ولم يكن النبيُّ ﷺ يفرُ من لقاءِ أحدٍ من الناسِ، وكان جريئاً شجاعاً، ينطقُ بالحقِّ في كل أحواله، وأمام أي إنسانٍ مهما كان دينه أو نزوعهُ، غير هيابٍ ولا وجلٍ.

وهؤلاءِ نفرٌ من اليهود تشاوروا على سؤالهِ عن الروج لتعجيزه؛ لأن لها معانٍ ذكرها كثيرٌ منهم ومن المفسرين المسلمين. ولكن قطعَ النزاعُ بالوحيِ، فالروحُ من أمرِ اللهِ لا يعلمها إلا الله. ولو ذكروا لها ألوف المعاني فما هي إلا ظنونٌ لا تشفي عليلاً ولا تروي غليلاً.

وقد جرب اليهود وحاولوا أن يعجزوا النبي ﷺ؛ فما كانَ إلا أن رجعَ العجزُ عليهمْ، حتى في هذه الحادثة وصدقَ الله إذ يقولُ ﴿**وَلا يَأْتُونَكَ بِمَثَلٍ إِلاَّ جِئْنَاكَ بِالْحَقِ وَأَحْسَنَ تَفْسِيراً**﴾.

حتى عند قضاء الحاجة

كانت صحبةُ ابن مسعود - رضي الله عنه - للنبي ﷺ في كلِّ حياتهِ، فهو حارسُه، وهو مرافقه الصحفيّ، ينقلُ لنا كل شيءٍ عنه احتساباً لوجه الله تعالى، حتى الأحوال الخاصة، فهو ينقلُ لنا علمَهَا بما اطلعَ وشاهدَ، وعملَ وشاركَ وسألَ، وبحثَ وخبرَ وعللَ، وبما بينهَ النبيُّ ﷺ بأمره ونهيهِ وإقرارهِ وتصريحهِ وتلميحهِ، ولفظهِ ولحظهِ، وإيماءاتِ كلامهِ، وقد كان ابنُ مسعودٍ

ذلكَ العربيُّ القحُّ الذي لا يحتاجُ إلى من يترجمُ له أو يفسرُ له، وما غمض عليه كان أقربَ الناس وأحوجَ الناسِ إلى السؤالِ عنه حتى يؤدي هذه الأمانةَ صحيحة فصيحة نقية.

نعم يرافق النبيَّ ﷺ أثناء قضاء الحاجة، ولم يكن يومئذٍ أمر الماء متيسراً بكل مكانٍ؛ فاستعملَ النبي ﷺ الاستجمارَ، وطلبَ من ابنِ مسعودٍ أن يأتيه بوسيلةِ ذلك فأتاه بحجرين وروثة، فأخذَ الحجرين وردَّ الروثةَ، فأتاهُ بحجرٍ بديل لها، فتم الاستجمارُ وتمتِ الطهارةُ، وتم إخبارنا عن هذه الحادثة المفيدة.

فعن عبدالله بن مسعود ـ رضي الله ـ عنه قال:

أتى النبي ﷺ الغائط، فأمرني أن آتيه بثلاثة أحجار، فوجدت حجرين، والتمست الثالث فلم أجد، فأخذت روثةً فأتيتهُ بها، فأخذ الحجرين وألقى الروثةَ وقال: هذا رِكْسٌ.

رواه البخاري في الوضوء برقم: ١٥٦

أحبُّ الأعمال

تعلم الصحابة من النبيِّ ﷺ الهمةَ العاليةَ في كلِّ خيرٍ، فهم يتعلقونَ دائماً بمعالي الأمور ويترفعونَ عن سفاسفها وسخفها، وهذا الأمر فتحَ أمامهم البابَ واسعاً للترفعِ عن الدنايا وتركِ الخلافاتِ فيما بينهم، والتعاون على فعل الخيراتِ واجتنابِ المنكراتِ.

ها هو ابن مسعودٍ يسأل النبيَّ ﷺ عن أفضل الأعمالِ، ويجيبه أنها الصلاةُ في أول وقتها، ثم يسأله عن عمل آخر له مزية وفضل زائد على غيره فيجيبه النبي ﷺ أنه برُّ الوالدين، والبر خير كله حيثما وجد، ولكن صاحب الهمةِ العاليةِ يسألُ عن أفضلِ أنواعِ المفضلاتِ من جميعِ أنواعِ المكرماتِ، التي هي زينةٌ للمرءِ في الدنيا وزيادةٌ في الأجر والحسناتِ في الآخرة، فيجيبه أنه برُّ الوالدين.

ثم يسألُ عن عمل أفضل من غيره في المرتبة الثالثة بعد الصلاة في أولِ وقتها وبرِّ الوالدين فيجيبهُ إنه الجهادُ في سبيلِ اللهِ.

وهذا نصُّ القصةِ كما رواها البخاري في صحيحهِ كتاب مواقيت الصلاة برقم ٥٢٧ عن عبدالله بن مسعود رضي الله عنه قال: سألتُ النبيَّ ﷺ:

قلت: يا رسولَ الله أي العملِ أحبُّ إلى اللهِ؟ أو أفضلُ؟

قال: (الصلاة على وقتها) أو (على ميقاتها).

قلت: ثم أي؟

قال: (بر الوالدين).

قلت: ثم أيْ؟

قال: (الجهادُ في سبيل الله).

قال ابن مسعود: حدثني بِهِن رسولُ الله ﷺ فسكتُّ عن رسول الله ﷺ ولو استزدته لزادني.

رواه البخاري برقم ٥٢٧-٢٧٨٢.

قصة التشهد

لقد تعلمَ الصحابةُ العباداتِ كلَّها والأعمالَ والأخلاقَ والإيمانَ من النبيِّ ﷺ، تارةً بتعليمهِ وإرشاده لهم، وتارةً بأمرهِ لهمْ، وتارةً بإصلاحه أعمالهمْ وأقوالهمْ، وبالتكرارِ الدائمِ لم يترك النبيُّ ﷺ وسيلةً إلا أفادَ منها تعليماً وإرشاداً لهم، وضبطاً لأعمالهمْ وسلوكهمْ.

جاء في حديث التشهد رقم ٦٢٦٥ قول ابن مسعود:

علمني رسولُ الله ﷺ وكفِّي بين كفيْهِ التشهدَ كما يعلمني السورةَ من القرآن: (التحياتُ لله والصلواتُ والطيباتُ، السلامُ عليك أيها النبيُّ ورحمةُ اللهِ وبركاتهُ، السلام علينا وعلى عبادِ الله الصالحين، أشهدُ أن لا إله إلا الله وأشهد أن محمداً عبده ورسوله).

وهو بين ظهرانينا، فلما قبض قلنا السلام على النبيِّ.

ويروي في الحديث رقم ٨٣١ في الآذان عند البخاري بعد قوله (السلام علينا وعلى عباد الله الصالحين) يروي قول النبي ﷺ (فإنكم إذا قلتموها أصابتْ كلَّ عبد لله صالح في السماء والأرض).

وجاء في بدء الحديث: ٨٣١.

قال عبدالله بن مسعود: كنا إذا صلينا خلفَ رسول اللهِ ﷺ قلنا:

السلام على جبريلَ وميكائيلَ، السلامُ على فلانٍ وفلانٍ.

فالتفتَ إلينا رسولُ اللهِ ﷺ فقال: (إن الله هو السلامُ، فإذا صلَّى أحدكم فليقل: التحيات لله..).

توضيح: هذه قصة التشهد، وهي تبينُ بصدقٍ وصراحةٍ واقعَ الصحابةِ عند النبيِّ ﷺ، واهتمامهُ بهمْ وبتعليمهمْ وإرشادهمْ، كما تبين اهتمامهمْ بالنبي ﷺ، وجعله المصدر الوحيد لتلقيِّ الحقِّ قولاً وعملاً واعتقاداً وسلوكاً؛ فكانوا بذلكَ خيرِ طلابٍ لخيرِ أستاذٍ، فصاروا خيرَ أمةٍ أخرجت للناسِ.

قال تعالى:

﴿أُولَئِكَ الَّذِينَ هَدَى اللَّهُ فَبِهُدَاهُمُ اقْتَدِهْ﴾

قصته مع النبي ﷺ
في قيام الليل

كان أصحابُ النبيِّ ﷺ يقتدونَ به في كل أمرٍ، يأتمرونَ بما أمرَ، وينتهون عما نهى، ويفعلونَ ما فعلَ من الفرائض والواجبات والمستحباتِ.

ومعلومٌ أن الواجبَ على من يقود أمةً أن يكونَ أكملهمْ بأعمالهِ، سواء أكان فعلا أم تركا. فإذا كان مقياس فعله مئة، بالمئة كان مقياسُ فعلِ من تبعه سبعين إلى ثمانين. لكن إذا أنزل الإمام بالكمال إلى ثمانين نزل الأتباعُ إلى ستين أو خمسين.

عبدالله بن مسعود يصلي صلاة الليلِ وراءَ النبيِّ ﷺ مقتديا به.

ويصلي النبيُّ الصلاةَ التي يناجي ربه بها، ويرتاحُ بها ضميرهُ، وتكون له قرةُ العين، وطمأنينةُ القلبِ، ورحلةُ الاستجمامِ والاستمتاعُ الحقيقي.

ويطيلُ النبيُّ ﷺ القراءةَ والركوع والقيامَ والسجودَ وسائرَ أعمالِ صلاةِ النافلةِ، حتى كادَ عبدالله بن مسعود أن يميلَ ويتركَ النبي ﷺ، ويسمي همهُ هذا بأمر سوء. ولذلك سبب عجيب ينبغي تأمله، وهو أن كلَّ تقصير لا عن الواجبات بل عن المستحبات، كان الصحابة الكرام يستعظمونه فيسمونه أمر سوء، وهذا من شفافيةِ إحساسهمْ المرهفِ، ومحبتهم للكمال في كل شيءٍ حتى النوافل والمستحبات.

وهذا يعطي مفهوماً واضحاً لشدة بعدهم عن المحرمات وعن التقصير بالواجبات.

جاء في صحيح البخاري كتاب التهجد برقم ١١٣٥ عن عبدالله بن مسعود ـ رضي الله عنه ـ قال:

صليتُ مع النبيِّ ﷺ ليلة، فلم يزلْ قائماً حتى هممتْ بأمرِ سوءٍ.

قلنا: وما هممتَ؟

قال: هممتُ أن أقعدَ وأذر النبيَّ ﷺ.

﴿إنَّ الَّذين آمَنُوا وَعَمِلُوا الصَّالِحَاتِ سَيَجْعَلُ لَهُمُ الرَّحْمَنُ وُدًّا﴾

قصةُ صدقةِ امرأته

كان النبيُّ ﷺ يدعو المؤمنينَ جميعاً إلى التصدق فرضاً ونفلاً رجالاً ونساءً، وكان الصحابة الكرام أفضلَ من يستجيبُ لأوامره. وقد ضربوا المثلَ الأروعَ في ذلك، وهذه إحدى قصص استجابة النساءِ الصحابياتِ لدعوة النبيِّ ﷺ لهنَّ في التصدقِ.

فامرأةُ عبدالله بن مسعودٍ تستفتي النبيَّ ﷺ بالتصدق على زوجهَا لأنهُ كان فقيراً جداً، وكذا على أيتام تعولهم وهم أخوها وأولادُ أختها.

وقد استجابَ النبيُّ ﷺ لهذا الطلبِ الرحيمِ النابعِ من القلبِ الرحيمِ وسمحَ لها بالتصدق على زوجها وأيتامها.

روى البخاري في كتاب الزكاة برقم: ١٤٦٦ القصة التالية:

عن زينب امرأة عبدالله بن مسعود - رضي الله عنها - قالت:

كنت في المسجد فرأيت النبيِّ ﷺ فقال:

(تصدقنَ ولو منْ حليكنَّ).

وكانت زينبُ تنفقُ على عبدالله وأيتامٍ في حجرها.

فقالتْ لعبد الله: سلْ رسولَ الله ﷺ، أيجزئُ عني أن أنفقَ عليكَ وعلى أيتامٍ في حجري من الصدقة؟

فقال: سلي أنت رسول الله ﷺ.

فانطلقتُ إلى النبيِّ ﷺ فوجدتُ امرأةً من الأنصارِ على البابِ، حاجتها مثل حاجتي، فمر علينا بلالٌ، فقلنا: سلْ النبيَّ ﷺ: أيجزئُ عني أن أنفق على زوجي وأيتامٍ لي في حجري؟ وقلنا: لا تخبرْ بنا.

فدخل بلالٌ فسأل النبيَّ ﷺ.

فقال النبيُّ ﷺ: (من هما)؟

قال بلال: زينبُ.

قال النبيُّ ﷺ: (أي الزيانبِ)؟

قال بلال: امرأة عبدالله.

فقال النبي ﷺ: (نَعمْ ولها أجران، أجر القرابة وأجر الصدقة).

﴿خُذْ مِنْ أَمْوَالِهِمْ صَدَقَةً تُطَهِّرُهُمْ وَتُزَكِّيهِم بِهَا وَصَلِّ عَلَيْهِمْ إِنَّ صَلَاتَكَ سَكَنٌ لَّهُمْ﴾

قصة تعظيم الذنوب

المؤمنُ يشعرُ دائماً أنه وهبَ نفسه لربه، فهو يرجو من وراء كلِّ ذلك فضلَ الله ويخافُ عقابهَ، وخوفه من العقاب شديدٌ جداً إلى حدٍّ أنه يرى الذنبَ الصغيرَ وكأنهُ جبلٌ يكاد يقعُ عليه، فهو يخافُ من اللهِ دائماً إنْ خالفَ أمرَ اللهِ كثيراً أو قليلاً.

قال الحارثُ بنُ سويدٍ: حدثنا عبدالله بن مسعودٍ حديثين أحدهما عن النبيِّ ﷺ والآخر عن نفْسِه.

قال ابن مسعود: إن المؤمنَ يرى ذنوبَه كأنه قاعد تحت جبل يخافُ أن يقعَ عليه. وإن الفاجرَ يرى ذنوبه كذبابٍ مر على أنفهِ، فقال به هكذا.

قال أبو شهابٍ: بيده فوقَ أنفهِ.

ثم قال: قال رسول الله ﷺ: (لَلهُ أفرحُ بتوبة العبدِ من رجلٍ نزلَ منزلاً وبه مهلكةٌ، ومعه راحلتهُ، عليها طعامُه وشرابهُ، فوضع رأسهُ فنامَ نومةً فاستيقظَ وقد ذهبتْ راحلته حتى اشتَدَّ عليه الحرُّ والعطشُ، أوما شاء الله.

قال: أرجع إلى مكاني، فرجَع فنامَ نومةً، ثم رفعَ رأسهُ فإذا راحلتَهُ عنده).

رواه البخاري في الدعوات برقم: ٦٣٠٨

قصة مهاجمته للمبتدعة أصحاب البدعة الحسنة

عن أبي يحيى قال: كنا نجلس على باب عبدالله بن مسعود قبل صلاة الغداة، فإذا خرج مشينا معه إلى المسجد.

فجاءنا أبو موسى الأشعري فقال: أَخرجَ إليكمْ أبو عبدالرحمن بعدُ؟

قلنا: لا. فجلس معنا حتى خرجَ.

فلما خرج قمنا إليه جميعاً «يعني قمنا لنسير معه إلى المسجد».

فقال له أبو موسى: يا أبا عبدالرحمن إني رأيت في المسجد آنفاً أمراً أنكرْتُه، ولم أرَ والحمد لله إلا خيراً.

قال ابن مسعود: فما هو؟

فقال أبو موسى: إن عشتَ فستراهُ. رأيت في المسجد قوماً حلقا جلوساً ينتظرون الصلاة، في كل حلقة رجلٌ، وفي أيديهم حصاً، فيقول: كبروا مِئةً، فيكبرون مِئةً.

فيقول: هللوا مِئه، فيهللون مِئه، ويقول: سبحوا مِئه، فيسبحونَ مِئهً.

قال ابن مسعود: فماذا قلت لهم؟!

قال أبو موسى: ما قلت لهم شيئاً انتظارَ رأيك أو انتظارَ أمرك.

قال ابن مسعود: أفلا أمرتهُمْ أن يعدُّوا سيئاتهمْ، وضمنتَ لهم أن لا يضيعَ من حسناتهم؟

ثم مضى، ومضينَا معهُ حتى أتَى حلقةً من تلك الحلقِ.

فوقفَ عليهم فقال: ما هذا الذي أراكم تصنعونَ؟

قالوا: يا أبا عبدالرحمن حصاً نعدُّ بها التكبيرَ والتهليلَ والتسبيحَ.

قال: فعدُّوا سيئاتكم، وأنا ضامنٌ أن لا يضيعَ من حسناتكم شيء ويْحَكم يا أمةَ محمد ما أسرعَ هلكتكم، هؤلاء صحابةُ نبيِّكم متوافرون وهذه ثيابه لم تبلَ، وآنيتُه لم تكسرْ، والذي نفسي بيده إِمَّا أنكم على ملة هي أهدى من ملة محمد، أو مُفْتَتِحُوا باب ضلالَةٍ.

قالوا: واللهِ يا أبا عبدالرحمن، ما أردنا إلا الخيرَ.

قال: وكمْ من مريدٍ للخيرِ لن يصيبه، إن رسولَ الله ﷺ حدثنا أن قوماً يقرؤون القرآن لا يجاوزُ تراقيهم، وأيمُ الله ما أدري لعل أكثرَهم منكم. ثم تولّى عنهم.

فقال عمرو بنُ سلمَة: رأينا عامة أولئك الحلقِ يطاعنُونَنا يوم النهروان مع الخوارجِ.

رواها الدارمي في المقدمة برقم ٢٠٤

الفصل السابع
وفاةُ عبداللَّه.

بشرى سارة:

قابل رجلٌ «عبداللَّه» فقال له:

- «لاتعدم حالماً مذكراً، رأيتُك البارحة ورأيتُ النبي على منبر مرتفع وأنت دونه وهو يقول:

- يا بن مسعودٍ هلمَّ إلىَّ، فلقد جُفيت بعدِي.

يحكي الرجلُ له عن رؤيا رآها، فلقد شاهده في الليلة الماضية، وهو يقفُ، وكان -صلى اللَّه عليه وسلم- على منبرٍ، ويخاطبه آمراً إيَّاه أن يأتي إليه، فلقدْ اشتاقا للقاءِ بعضهما.

ورؤيةُ «الرسولِ العظيمِ» في المنام لاتكونُ إلا حقاً، لأن الشيطانَ لايتمثلُ في صورةِ الرسولِ، وأجابه «عبداللَّه» قائلاً:

- «واللَّه لأنتَ رأيتَ هذا؟».

من شدةِ فرحتهِ، وشدةِ شوقِ روحهِ للقاءِ الرسولِ، من هناءِ نفسهِ بما سمعَ، يستحلفُ الرجلَ، يتأكدُ منه، وحينما يؤكدُ له «الرجلُ» الأمرَ يقولُ له:

- «فعزمتُ لاتخرجْ من المدينةِ حتى تصلي عليَّ»[1].

١- أسد الغابة - ابن الآثير - ص٣٨٩.

وكان تفسيرُ الرؤيا عندَ «عبداللَّه» واضحاً، إنه يعني أن ميعادَ وفاتهِ قد قربَ، وهو في قمةِ السعادةِ، وأي شيءٍ أكثر سعادةً على نفس «عبداللَّه» المؤمنة من قرب لقائه بحبيبه «رسول اللَّه»؟

مرض عبداللَّه:

وفي عام ٣٢ من هجرة الرسول العظيم شاءَ اللَّه لـ«عبداللَّه» أن يستريحَ من تعبِ وعناءِ الدنيا، فلقد قضى هذا الصحابيُّ العظيم بضعاً وستين عاماً فيها[١]، ومرضَ «عبداللَّه» فما إن سمعَ الخليفةُ «عثمانُ» بمرضه حتى أحسَّ بندمٍ على ماكان بينهما من خلافٍ، ورغمَ كبرِ سنه، وعدمِ قدرتهِ على الحركةِ، إلا أنه خرجَ من دارهِ مُسنَّداً، حتى وصلَ إلى دارِ «عبداللَّه»، وراحَ يرجوه في إلحاحٍ أن يسامحه على ماكان، ولم يكتفِ «عثمانُ» بهذا ، بل ذهبَ إلى دارِ السيدةِ «أم حبيبة» كي تشفعَ له عنده كي يصفحَ عنه قبلَ وفاتهِ[٢].

وهكذا كان الصحابةُ رضوانُ اللَّه عليهمْ، وكان خلافهمْ كريماً، لايمكثونَ بعده وقتاً طويلاً حتى يصطلحوا مع بعضهمْ، ذلك لأنهمْ يعلمونَ أن هدفهمْ أبعدُ بكثيرٍ من أطماعِ هذه الدنيا الفانيةِ المنتهيةِ.

١- أسد الغابة - ابن الأثير - ص٣٨٩.

٢- خلفاء الرسول - خالد محمد خالد - ص٣٢٥.

ويحكي « أبو ظبية » جزءاً مما دارَ بين « عبداللَّه » و« عثمانَ » فيقول :

عبداللَّه يترك لأبنائه من بعده القرآن:

قال سيدنا « عثمانُ » لعبدِ اللَّه :

– « ماتشتكي ؟ » .

من شدة حنانه عليه، وحبه له، يسألُ الخليفةُ عن مصدر ألمِ « عبداللَّه » فيجيبُ الصحابيُّ الجليلُ :

– « ذنوبي ! » .

إنه لايشتكي إلا ذنوبه التي يتوقعُ أنه فعلها في الدنيا، تلكَ – فقط – هي التي تضايقه الآنَ، يرحمكَ اللَّه يا « ابن مسعودٍ »، وماذا فعلتَ من الذنوب حتى تخافَ في هذا الموقفِ؟ يرحمكَ اللَّهُ كم كنتَ متواضعاً، رقيقاً، خائفاً من ربكَ .

ويعاود عثمان الرقيق القلب السؤال:

– « فما تشتهي ؟ » .

يسألهُ هل تتمنى نفسه شيئاً من متاعِ الدينا قبلَ أن تفارقها، ويجيبه عبداللَّه » قائلاً :

– « رحمةُ ربيِّ » .

إِنه المؤمنُ الذي لايريد شيئاً من الدنيا، إِنه الصحابيُّ الجليلُ يتمنى في هذه اللحظاتِ أمراً واحداً ذلكَ هو أن يرحمَهُ ربُّه..

ويعزُّ على «عثمانَ» ماهو فيه فيسأله من جديدٍ:

- «ألا آمرُ لك بطبيبٍ؟».

يسأله عثمانُ أن يطلبَ له طبيباً لعلاجه فلربما خففَ عنه بعضَ مايعانيه من آلامٍ، فيقول «عبداللَّه»:

- «الطبيبُ أمرضني».

إِنه لايريدُ واحداً من البشرِ، لقد سلم أمره للَّهِ وهو يكفيهِ.

هانحنُ نرى «عبداللَّه» في هذا الموقفِ العصيبِ، لاينفعه سوى إِيمانهِ باللَّه، وهو في لحظة صعودِ الروحِ إِلى خالقها يرفضُ مساعدةَ أحدٍ من البشرِ له لأنه اعتمدَ على خالقِ البشرِ.

وعن كيفية حياة أبنائه من بعده، يريدُ الخليفةُ الرحيمُ «عثمانُ» أن يطمئنهُ إِلى أنهمْ سوفَ يكونونَ في أحسنِ حالٍ فيقول له:

- «ألا آمرُ لك بعطاءٍ؟».

يسأله - من جديدٍ- إِن كانَ يريدُ أن يحددَ مبلغاً ثابتاً من المالِ يخرج له - راتباً - فيجيب «ابن مسعود» المؤمنُ، المتوكلُ على ربه:

- «لاحاجةِ لي فيهِ».

إنه لايريدُ مالاً الآنَ، ويعيد الخليفةُ العادلُ السؤالَ:

- «يكون لبناتكَ».

يعرض عليه المالَ مرة أخرى، ينبههُ أنه -ربما ينفعُ بناته من بعدهِ ويغنيهم، فيجيبُ «عبداللّه» مرةً أخرى:

- «أتخشىَ على بناتي الفقرَ، إني أمرتُ بناتي أن يقرأْن كلَّ ليلةٍ «سورة الواقعةِ» إني سمعتُ رسول اللّه يقول:

- مَنْ قرأ سورةَ الواقعة لم تصبْه فاقةٌ أبداً»[1].

ميراث عبداللّه:

يجيبُ «عبداللّه» على كلماتِ الخليفةِ، فهو لم يتركْ لبناتهِ مالاً، ولكنهُ ترك لهنَّ إيماناً باللّه ورسولهِ وهو ميراثُ لايفنىَ أبداً.

وفاته:

ولقي «عبداللّه» ربه، وفاضتْ إليه روحُه، ودفنهَ الصحابةَ الكرامُ، ولم يكن «عثمانُ» يعلمُ، فلما علمَ بعد أن فرغوا من دفنهِ عاتبهمْ، وقال ودموعُه تنزلُ بغزارةٍ:

١- أسد الغابة - ابن الأثير - ص٣٨٩.

- « دفنتمْ - واللَّهِ - خير منْ بقيَ من أصحابِ رسولِ اللّهِ »[1].

رحمهُ اللَّه رحمةً واسعةً. وألحقنا بهِ.

1- خلفاء الرسول - خالد محمد خالد - ص٣٢٥.

خاتمة

عبدالله بن مسعود، ذلكمُ الصحابيُّ العظيم السابقُ في الإسلام، والسابقُ بالجهرِ بالقرآن، والسابق بخدمة رسول اللهِ ﷺ، والسابق بالعلم والتعليم، والسابق بالهجرة إلى الحبشة، ثم إلى المدينة، والسابق بقتل أبي جهل، والسابق بخوضِ المعاركِ المشرفةِ كلها، والسابق بولاية العراق، والسابق بإحياءِ السنة النبوية، والسابق بمحاربة البدعة الحسنةِ والسيئةِ وكافة أنواع المعاصي.

أصغر الناسِ حجماً، وأكبرهم خيراً وجهداً وجهاداً وعلماً وتعليماً.

رب مهزولٍ سمينٍ عرضه　　وسمينِ الجسمِ مهزولِ الحسب

هؤلاء الذين بنُوا لنا أمجادَ أمتنا التي لا نزالُ نعيشُ على فتاتِ موائدها.

فلندرسْ قصصهمْ وسيرهم بإقبالٍ ومحبةٍ وشوقٍ وشغفٍ، ولنأخذْ عنهمْ العلم والدين والحق والحقيقة.

فتشبهوا إن لم تكونُوا مثلَهم　　إن التشبُّهَ بالكرامِ فلاحُ.

ومالم يكن يومئذ دينا فليس هو اليوم ديناً. وعلينا أن نأخذ إيماننا عنهمْ وقدوتنا برسولِ اللهِ ﷺ من قدوتهمْ، وإصلاحنا لدنيانا من إصلاحهمْ

وصلاحنا من صلاحهمْ، أولئك الذين رضيَ الله عنهم ورضُوا عنه ذلك لمن خشي ربه.

قال تعالى مخاطباً رسول الله ﷺ وأصحابه:

﴿فَإِنْ آمَنُوا بِمِثْلِ مَا آمَنتُم بِهِ فَقَدِ اهْتَدَوْا وَّإِن تَوَلَّوْا فَإِنَّمَا هُمْ فِي شِقَاقٍ﴾

اللهم انفعنا بهم، وأرشدنا لدربهم، واهدنا بهداهم.

وآخر دعوانا أن الحمد لله رب العالمين

الفهـــرس